Ln 27
1932g

ÉLOGE HISTORIQUE

DE M.ʀ DE PERIGORD †

ADRESSÉ A MADAME ⁎⁎⁎⁎⁎⁎⁎⁎.

Par Mlle. D. S.

† dernier Commandant dans la cidevant province de Languedoc

L'éloge historique, Madame, que je viens vous offrir, a été entrepris sous vos yeux. Mon intention n'était pas alors de le rendre public; mais ma santé, qui s'altère sensiblement, m'a fait craindre de mourir avant d'avoir élevé ce faible monument à la vertu et à l'amitié. Daignez vous rappeler mes vives instances, pour vous engager à me communiquer vos lumières; vous aurez regret, en le lisant de nouveau, de n'avoir pas cédé à mon désir.

Monsieur de Périgord, dont je vais peindre le caractère, après avoir commandé, pendant dix-huit ans, dans la ci-devant Province de Languedoc, et y avoir gagné l'estime et les cœurs de tous les habitans, méritait bien, sans doute, qu'une plume, plus habile et plus exercée, consacrât, à la postérité, les principaux traits de sa vie publique et privée; mais par une fatalité inséparable de la condition des hommes, il n'est que trop ordinaire que des souvenirs aussi précieux passent avec celui qui les a mérités.

Les malheurs particuliers et publics, suite peut-être inséparable d'une aussi grande révolution, avaient desséché tous les cœurs et comprimé tous les sentimens. Le tableau du passé ne présentait aux uns que des regrets inutiles, aux autres que des comparaisons odieuses; presque toutes les connaissances étaient suspectes ou négligées; comment l'histoire d'un grand Seigneur aurait-elle osé se produire devant des lecteurs dégoûtés de tout, ou prévenus contre les personnes, parce qu'ils l'étaient justement quelquefois contre les choses.

Mais un génie tutélaire est venu ranimer les idées libérales, l'immortel Bonaparte, savant aussi profond que grand homme de guerre et d'état, au-dessus de toutes les préventions comme de tous les obstacles; il a concilié les opinions, rendu à nos esprits le courage et la tranquillité; et, sous un Gouvernement qui vient de naître, nous goûtons déjà la paix et la sécurité des établissemens les plus anciens. J'ai cru ce moment favorable pour venir sans crainte rendre hommage à des vertus malheureusement trop rares chez les gens en place, et dont le modèle peut être utile à ceux que la confiance du Gouvernement investit des mêmes pouvoirs. Je me flatte que les habitans de la ci-devant province de Languedoc, verront, avec quelqu'intérêt, que je réunisse, dans ce faible recueil, le tableau des qualités précieuses d'un Commandant qui n'a jamais appesanti injustement sur aucun d'eux, le poids de l'autorité dont il était revêtu. Son extrême popularité, son humanité et sa bienfaisance, lui avaient mérité l'attachement et le respect de tous les partis.

L'ÉTAT de ma santé, Madame, m'ayant forcée à chercher un climat plus doux que celui de ma patrie, je voulus respirer l'air pur des provinces méridionales.

La ville de Montpellier fixa mon choix; la beauté du ciel, la douceur du climat, et surtout la célébrité de sa faculté de médecine, y attiraient beaucoup d'étrangers; et les états du Languedoc, qui y tenaient annuellement leurs séances, rendaient les hivers infiniment agréables, et la société très-brillante. J'y fus très-bien accueillie; et, au milieu du grand monde dans lequel je vivais, je sus me faire de vrais amis.

Si, pour l'ordinaire, les circonstances forment nos relations, celles-ci décident toujours de nos affections et de notre bonheur.

Je vous ai souvent entretenue de Monsieur de Périgord, que j'ai eu le bonheur d'y connaître; mais je ne vous ai jamais parlé de lui que relativement à moi; et je trouverai quelques douceurs à vous en parler pour lui-même.

Il était grand, bien fait; tous ses mouvemens étaient justes et remplis de grâces; sa bouche et ses yeux étaient beaux, sa physionomie douce, expressive et extrêmement noble, sans avoir les traits réguliers.

Ses ancêtres vivaient dans leurs terres; ils habitaient leurs châteaux, ainsi que presque tous les grands Seigneurs. Leur fortune consistait en terres Seigneuriales; leurs revenus, en droits et redevances. Ils ne fesaient cas des domaines qu'ils possédaient, qu'autant qu'ils pouvaient les employer au bien de leurs vassaux, qui étaient accoutumés à les regarder comme leurs pères et leurs défenseurs naturels. C'est de là que sont venus les droits féodaux.

Vous connaissez, Madame, l'origine de ces droits; vous savez que les Seigneurs donnaient à leurs vassaux, en les mariant, un pré, un champ, deux vaches, une petite maison, etc., sous la condition qu'ils leur paieraient, chaque année, une censive; et comme l'argent était rare alors, parce qu'il n'y avait que peu ou point de commerce, la plus grande partie de ces redevances se payait en nature.

Mais ce funeste métal, si nécessaire aujourd'hui, l'était bien moins dans ce tems-là; les besoins n'étaient pas aussi multipliés; les modes n'existaient pas; l'habit de cour n'était porté que dans les occasions de cérémonie. Il est vrai que les châteaux de ces Seigneurs étaient magnifiquement meublés; mais cette dépense une fois faite servait à plusieurs générations; et l'or de ces superbes ameublemens a été retrouvé par leurs descendans, lorsqu'ils ont voulu les échanger contre des meubles plus à la mode.

Ils se distinguaient par leurs largesses, et par la manière dont ils recevaient chez eux les étrangers. Aussi avaient-ils habituellement plusieurs tables abondamment servies, mais elles ne l'étaient pas avec le goût, la délicatesse, toute cette recherche en usage aujourd'hui.

Le bruit des équipages, des meutes, de nombreux valets annonçaient de loin leur demeure. Sans cesse environnés de leurs vassaux, que la reconnaissance leur attachait, ils étaient leurs chefs à la guerre, et leurs protecteurs lorsque le tems de leur service était expiré.

Ces Seigneurs armaient et équipaient magnifiquement leurs vassaux en tems de guerre; aucun sacrifice n'arrêtait leur ostentation généreuse.

En tems de paix ils leur servaient de pères; ils étaient les arbitres de leurs différens, les fesaient soigner dans leurs maladies; car les médecins étaient rares alors, et il fallait les faire venir de loin. Mais les secours de tous les genres étaient prodigués par la bonté, et reçus par la reconnaissance et le respect.

Ces rapports touchans de bonté de la part des Seigneurs, de respect et d'attachement de celle des vassaux, contribuaient à leurs forces et à leur sûreté réciproque. Telle était la source de la véritable grandeur. Aussi, ceux d'entre ces Seigneurs qui, loin de la rechercher, se permettaient des actes de vexation, étaient universellement méprisés.

LEURS jeux étaient la chasse et les tournois, simulacre des combats; leurs plaisirs, l'hospitalité, la table et la société libre qu'elle permet : cette galanterie noble et héroïque, qui a si fort distingué ces siècles anciens de franchise et de loyauté, et qui les éloigne bien davantage de l'esprit actuel, de cet esprit fertile en mots, en joli persiflage et en tournure; mais vide de sens et de délicatesse.

LEURS corps étaient sains; leurs ames fermes et courageuses ; ils avaient de l'honneur, du caractère, un amour vrai pour leur patrie; le funeste égoïsme, source de tant de maux, leur étoit inconnu.

LEURS vastes châteaux étaient le rendez-vous de toute la noblesse des environs, qui venait y demeurer successivement; et quoique les chemins ne fussent point faits, et les voitures peu en usage alors, les femmes montaient à cheval comme les hommes, et n'étaient pas arrêtées par la difficulté des distances.

Tel était le genre de vie de tous les grands Seigneurs. Ah! sans doute, il était plein d'attraits. Aussi, a-t-il fallu que la profonde politique du Cardinal de Richelieu, lui fit sentir que le seul moyen d'augmenter le pouvoir du Roi, était de détacher les vassaux de leurs Seigneurs, en les attirant à la cour, et en les y retenant par des places éminentes. La famille de Monsieur de Périgord i fut du très-petit nombre de celles qui surent préférer de vivre paisiblement dans leurs antiques châteaux, plutôt que d'aller solliciter un regard favorable du Cardinal.

Le Prince de Chalais, cadet d'une autre branche, fut le seul qui s'écarta de ce principe ; il ne prit, pour confident de son dessein, qu'un vassal de son père, et partit pour Paris : mais peu après, ce vassal, touché de l'extrême inquiétude des parens de ce jeune homme, leur découvrit son secret. Il reçut, bientôt après, l'ordre de revenir; il s'y refusa; et sa mère fut obligée d'aller elle-même essayer d'arracher son infortuné fils au sort qui l'attendait, sans avoir pu y réussir.

Devenu suspect au Cardinal, parce qu'il plaisait trop au Roi, il le fit accuser d'être entré dans un complot contre l'état. Abandonné par le faible Louis XIII, qui n'osait déplaire à un Ministre, dont il ne pouvait se passer, il fut décapité, lui, dont le seul crime fut d'être cher à son Maître.

Cet évènement était bien fait pour augmenter l'éloignement que les ancêtres de Monsieur de Périgord avaient pour la Cour; ils n'y venaient que lorsque leur service les y appelait.

La Princesse des Ursins était de cette maison; vous connaissez son esprit et son ambition; elle désirait beaucoup engager ses parens à venir s'établir à Madrid; ils sont Grands d'Espagne; elle croyait sans doute parvenir plus aisément à cette couronne, en s'entourant d'une famille si distinguée; mais ils aimaient leurs vassaux, autant qu'ils en étaient aimés; et rien ne put les engager à quitter leurs terres; tout ce qu'elle en obtint, fut qu'un de ses oncles allat y faire un voyage.

Mais ce n'est pas, Madame, des ancêtres de Monsieur de Périgord, dont je dois vous parler; c'est de lui seul: je veux vous faire connaître ses vertus, et les principaux traits de sa vie.

Sa mère mourut fort jeune; elle ne laissa que deux fils: son père se remaria; et il n'eut jamais à se repentir du choix qu'il avait fait. Ses enfans trouvèrent, dans la seconde femme de leur père, les soins et les sentimens d'une véritable mère; elle ne mit jamais de différence entre ses propres enfans et ceux de son mari.

Elle avait de l'esprit, du caractère, une famille très-nombreuse; dès que les deux fils de son mari eurent atteint l'âge de 13 à 14 ans, elle les mena à Paris, et dit à Louis XV: que les infirmités de son mari, ne lui ayant pas permis de venir lui présenter ses deux fils, elle venait le suppléer, et lui demander de leur tenir lieu de père, dans la nouvelle carrière qu'ils allaient courir, sans que jamais ils eussent besoin d'avoir recours à d'autres qu'à lui, soit pour obtenir des emplois, soit pour en rendre compte, et demander des récompenses.

Elle ajouta : dès que mes propres enfans seront en âge, je reviendrai solliciter la même grâce pour eux.

Le Roi lui fit l'accueil le plus flatteur; lui promit et lui accorda tout ce qu'elle demandait, et n'a jamais manqué à sa promesse; il vit, sans doute, avec plaisir, cette illustre famille quitter enfin ses antiques châteaux, pour venir faire l'ornement de sa Cour.

Monsieur de Périgord avait passé son enfance dans un collège, à Paris, pour y faire ses études; mais il en avait peu profité : occupé sans cesse du désir de retourner chez son père, il supposait des maladies pour en obtenir la permission : sa jeune tête avait cependant été si frappée des éloges qu'on fesait sans cesse du Maréchal de Saxe, que son seul désir, en arrivant à Paris, fut de le connaître et de se faire aimer de lui. Il y parvint sans peine; le Maréchal lui témoignait une affection particulière; il se plaisait à le former au métier de la guerre, comme s'il avait été son propre fils; et Monsieur de Périgord, de son côté, l'aimait et le respectait comme un père.

Malheureusement le Maréchal avait une maîtresse charmante, qui n'avait pas un grand attachement pour lui; elle fit des agaceries à Monsieur de Périgord; il était dans cet âge où les passions se développent avec force; il n'avait que 16 ans, et cependant il résista long-tems; vaincu enfin par l'attrait du plaisir, il succomba.

Mais combien les charmes de cette première jouissance n'étaient-ils pas empoisonnés par les remords auxquels son cœur était en proie! Triste, embarrassé en présence du Maréchal, il cherchait sans cesse à lire dans ses yeux, si sa faute lui était connue; mais il n'apercevait aucune différence. Le Maréchal le recevait toujours également bien.

Un de ses amis vint le prier d'obtenir de M. de Saxe une grâce très-importante; l'affaire était pressée; Monsieur de Périgord y alla tout de suite, le sollicita avec beaucoup de vivacité, et l'obtint sur le champ. Cette bonté, qu'il n'avait pas méritée, et le sentiment de son ingratitude, portèrent le trouble dans son ame pure, il rougit, pâlit successivement, et ses yeux se remplirent de larmes.

Le Maréchal vit son émotion, et lui dit, en le fixant avec douceur: jeune homme, c'est à la guerre où vous devez désirer l'emporter sur votre Général et votre ami, et non en amour; votre âge vous donne trop d'avantage; mais j'ai vu, depuis long-tems, que vos regrets vous punissaient suffisamment; je n'ai pas voulu y ajouter par mes reproches: gardez cette femme puisqu'elle vous plaît; je vous la cède; calmez-vous, et soyez bien sûr que mon amitié n'a pas été altérée.

L'extrême

L'extrême bonté du Maréchal, à laquelle Monsieur de Périgord ne devait pas s'attendre, le couvrit de confusion; il eut été moins sensible à des reproches qu'il savait avoir mérités, qu'à un procédé qui lui fesait sentir aussi vivement ses torts. Il se retira sans avoir pu proférer une seule parole; et dès ce moment il cessa de voir l'objet de ses remords. J'ai déjà dit que Monsieur de Périgord aimait, respectait le Maréchal comme un père et un ami précieux; mais son ignorance, sur un grand nombre d'objets, en se faisant sentir, l'humiliait, troublait ses jouissances. Ce sentiment lui fit prendre la résolution de s'instruire à l'âge de 16 ans.

Il s'était livré à l'étude avec l'ardeur de la jeunesse, lorsque le Roi le nomma Menin de Monsieur le Dauphin. Timide, mais aimable, il fut bientôt distingué de ce Prince, qui le mit à différentes épreuves, pour démêler et connaître son caractère.

Un jour il lui donna des vers écrits

de sa main; le pria de les lire avec attention, et de lui dire ce qu'il en pensait.

Monsieur de Périgord les lut, et dit au Dauphin, en les lui rendant: qu'il les trouvait plats et mauvais.

C'est moi qui les ai faits, dit Monsieur le Dauphin.

J'en suis surpris, répondit Monsieur de Périgord; mais cela ne change rien au jugement que j'en ai porté.

Le Dauphin reprit ses vers sans rien dire, et sortit brusquement de la chambre; mais un sourire qui lui échappa, prouva à Monsieur de Périgord que sa colère était simulée.

Ce trait et tant d'autres trop longs à rapporter, contribuèrent sans doute à prouver à ce Prince, que Monsieur de Périgord réunissait à toutes les qualités qui le distinguaient des autres hommes, cette noble franchise qu'il exigeait de ses amis.

Monsieur le Dauphin avait recommencé ses études, ainsi que Monsieur de PÉRIGORD, à l'âge de 16 ans; ce fut sans doute cette conformité dans leurs goûts, qui contribua à faire naître cet attachement si vrai qu'ils avaient l'un pour l'autre; et ils étaient bien faits pour s'aimer par les rapports non-seulement de leurs goûts, mais aussi de leurs caractères.

L'un et l'autre furent bons pères, bons maîtres, bons maris, amis sincères.

Encore jeunes et dans l'âge des plaisirs, ils n'avaient, pour ainsi dire, d'autre goût que pour les arts et les sciences. Ils avaient ce tact fin et sûr, qui fait juger promptement du mérite d'un ouvrage de goût; et cette justesse dans l'esprit, qui fait distinguer le vrai d'avec le faux, dans les connaissances plus abstraites. Leurs mœurs étaient simples; ils attachaient peu de prix à l'extérieur; et ils savaient chercher et distinguer le vrai mérite par tout où il se trouvait. Bons, sans être faibles, ils aimaient à faire le bien en secret, et peut-être que Monsieur de PÉRIGORD porta cette qualité trop loin, lorsqu'il occupa de grandes places,

Je le lui disais un jour, que le hasard m'avait instruite d'une de ses belles actions; sa réponse fut : que ce plaisir était le seul qu'il goûtât pur et sans mélange; et que dès qu'il était connu, il cessait d'en être un pour lui. Monsieur de Périgord avait, sur Monsieur le Dauphin, l'avantage d'avoir étudié la métaphysique.

Cette étude, suivie par un esprit naturellement juste, devait le rendre plus juste encore et plus réfléchi. Elle met sur la voie de la connaissance du cœur humain, et nous dispose à cette douce indulgence de la vraie philosophie, qui fait le charme de la société.

Monsieur le Dauphin avait l'imagination plus vive, la répartie plus prompte, le talent de faire de très-jolis vers, de saisir les ridicules, et de les peindre avec un charme inexprimable : mais la bonté de son cœur lui fit bientôt sentir qu'il était au-dessous de lui de briller, en affligeant l'amour propre des autres; et il travailla à se corriger. Il joignait à cela beaucoup de caractère, plus de fermeté que Monsieur de Périgord; mais il sentait combien elle était nécessaire, lorsque l'on était appelé à gouverner un grand Royaume; et Monsieur de Périgord pensait, de son côté, que ceux qui étaient destinés, par le Souverain, à commander en son nom, devaient s'occuper à adoucir et à tempérer ses ordres et ses lois.

Il existait encore un rapport entre ces deux hommes, qui doit servir d'excuse à ceux qui les ont mal appréciés. Ils étaient timides l'un et l'autre, et très-silencieux, dès qu'ils n'étaient pas avec leurs amis.

Monsieur de Périgord était extrêmement froid au premier abord; il fallait le voir souvent, et dans ses sociétés particulières, où il se montrait tout entier, pour le juger sainement.

Je vais, Madame, vous parler un instant de Monsieur le Dauphin. Vous savez qu'on lui a reproché d'outrer les sentimens de religion: j'ignore s'il avait le bonheur d'être vraîment pieux; mais ce que je sais, c'est qu'il regardait la religion comme le seul bien, comme la seule consolation dans les maux physiques et dans les peines morales qui affligent l'humanité, dont il ne fut pas au pouvoir des hommes de nous priver.

Il la regardait encore comme le seul frein aux crimes secrets, et aux passions qui agitent et tourmentent la vie des hommes; et comme si intimément liée au Gouvernement, qu'il ne pourrait pas se soutenir sans elle. Ah! sans doute il avait raison, puisque ceux qui ont voulu l'anéantir pour gouverner despotiquement eux-mêmes, ont cru ne pouvoir y parvenir qu'en la foulant aux pieds, en avilissant ses ministres aux yeux du peuple, et en les massacrant ensuite, tant ils craignaient que ce sentiment ne se réveillât dans son cœur. Monsieur le Dauphin apercevait depuis long-tems, avec douleur et avec crainte, la marche de l'esprit du siècle; il prévoyait les maux qui devaient affliger sa patrie, et son seul désir était de les prévenir, tant par une sage administration, que par la religion qu'il regardait comme nécessaire au bonheur des hommes.

Il croyait que, pour la maintenir, les Souverains devaient en donner l'exemple, et celui de toutes les vertus. Monsieur le Dauphin la pratiquait donc, non-seulement par sentiment, mais encore parce qu'il savait que l'exemple des Rois influait infiniment sur les peuples. Mais cet amour pour la vertu, ce désir si vrai que la religion fut pratiquée et respectée, ne pouvait se trouver que dans un Prince plein d'esprit et de lumières. Son désir du bien était tel, qu'il se défiait même de son goût pour les ouvrages d'imagination; souvent ses Menins lui ont entendu dire : que son tems n'était pas à lui, mais à la Nation qu'il était appelé à gouverner un jour. Il lisait cependant les ouvrages de Voltaire, et de tous les auteurs célèbres; souvent même il se délassait par la lecture des romans; et la nouvelle Héloïse l'intéressa si vivement, qu'il passa tête à tête avec Monsieur de Périgord, tout le tems nécessaire pour achever paisiblement cette lecture. On crut, à la Cour, qu'ils tenaient un conseil secret sur quelques intrigues qui agitaient alors les courtisans; cependant on savait que l'un et l'autre y étaient étrangers.

On a reproché encore au Dauphin d'aimer les Jésuites; ah! sans doute, il aimait leur esprit, leurs connaissances; peut-être aussi les croyait-il nécessaires à l'accomplissement du projet qu'il avait conçu depuis long-tems de réformer les lois civiles et criminelles, de changer la forme des Tribunaux, pour rendre plus prompte l'expédition de la Justice; de rétablir l'ordre et l'économie dans les Finances, dès qu'il monterait sur le Trône. Il l'aurait fait sans doute, l'ordre mis dans sa maison en est la preuve.

Il pensait que les Jésuites lui étaient absolument nécessaires, soit à cause de leurs lumières dans tous les genres, soit par leur influence sur les esprits, pour faire de très-grands changemens dans le Gouvernement, et pour l'aider à corriger les abus. Mais il ne voulait pas être gouverné par eux; et il se sentait assez de caractère pour réprimer leur ambition.

Ce Prince savait encore que les Jésuites possédaient éminemment les talens nécessaires à l'éducation publique, parce qu'ils savaient s'insinuer dans l'esprit de leurs élèves, gagner leur confiance, pénétrer leurs caractères, inspirer le goût de leur état à ceux qui pouvaient convenir à leur ordre; et c'est par cette raison que presque tous les hommes qui composaient cette société si célèbre autrefois, étaient distingués par leur crédit et leur esprit. Les Jésuites s'étudiaient plus particulièrement à connaître le secret des consciences par la voie de la confession; il eut sans doute été bien à désirer que les Prêtres n'en eussent jamais abusé, et qu'ils se fussent occupés uniquement du spirituel, sans se mêler en aucune manière du Gouvernement. Quoiqu'il en soit, le ministère qu'ils exerçaient fut toujours d'une grande utilité à la société. Il maintenait l'amour de l'ordre, la soumission aux lois, le sacrifice de l'intérêt personnel, si souvent en opposition avec cette soumission, et même la patience à supporter les injustices; car on en éprouve sous tous les Gouvernemens, puisque ce sont des hommes qui ont fait les lois, que ce sont eux qui les interprètent, et qui les font exécuter; et la perfection n'est qu'une vaine chimère de l'esprit humain.

Vous le voyez, Madame; le motif d'attachement de M. le Dauphin, pour les Jésuites, tenait à son désir extrême de faire respecter la religion; il croyait qu'elle contribuait à notre bonheur, et par cette raison, il voyait avec peine les Philosophes chercher à la détruire. Ah! les malheurs, qu'un despotisme cruel fondé sur l'athéisme, a fait éprouver à la France, et à ma Patrie, ont souvent retracé à mon souvenir l'idée de ce Prince, et celle de Locke dans son essai sur l'entendement humain.

Ce Philosophe regardait, comme une des preuves les plus fortes, d'une autre vie plus heureuse que celle-ci, ce sentiment commun à presque tous les hommes, qu'ils sont faits pour jouir d'un bonheur beaucoup plus grand, que celui dont ils jouissent sur la terre.

Il est si consolant de penser, que ce bonheur nous est destiné après la mort, ah! si ce sentiment peut ajouter à nos espérances, c'est le cas de s'y livrer sans réserve, tant pour diminuer l'impression des maux passés, que pour se donner la force de supporter ceux d'un avenir si aisé à prévoir. Si l'orgueil a dicté à quelques gens de lettres des écrits destructeurs de la religion et de sa morale pure, en est-il moins vrai que, l'homme appelé à vivre en société, ne peut y être heureux et y travailler au bonheur de ses semblables, que par les rapports établis entre eux : de ces rapports, découlent l'ordre et les lois qui le fixent; le principe de cet ordre est dans le cœur de tous, et ne peut y avoir été placé que par la cause première créatrice et motrice de cet univers ; et la société ne peut se soutenir et prospérer que par lui.

Vous croirez peut-être, Madame, que Monsieur de Périgord m'a inspiré ces idées, ces sentimens; non, je vous assure, mon esprit et mon caractère étaient formés, lorsque je me suis liée avec lui. Je suis de la religion protestante, je ne lui ai jamais entendu énoncer aucune opinion sur les Jésuites. Le déchirement qu'il éprouvait toutes les fois qu'on lui parlait du Dauphin, me faisait souvent éviter tout ce qui pouvait lui en retracer le souvenir.

Je tiens donc la plus grande partie de ce que j'ai dit ici sur ce Prince, de deux autres de ses Menins et de quelques hommes très-dignes de foi, qui ont vécu familièrement avec lui jusques à son dernier moment.

M. de Périgord se maria fort jeune avec une parente de son nom, fille unique, et qui devait être fort riche; ce mariage fut heureux; attachés l'un à l'autre, ils passaient la plus grande partie de leur vie chez M. le Dauphin et Madame la Dauphine, qui aimaient et estimaient l'épouse de M. de Périgord; et c'est vous faire son éloge en peu de mots. Sa figure, son esprit, sa modestie inspirèrent à Louis XV un goût très-vif; son premier soin, dès qu'elle pût s'en douter, fut de se retirer dans ses terres, où elle resta trois ans sans dire à personne le motif de sa retraite. La vertu ne se vante pas des sacrifices qu'elle se fait à elle-même.

Le Roi fut triste et rêveur pendant quelque tems; mais il ne fit point ressentir à l'époux la peine que l'absence de sa femme lui causait; et ses bontés pour lui n'en furent point altérées. Sa fortune était très-bornée, les premières années de son mariage; il n'avait que 15 mille livres de rente, et néanmoins comme le sage qui sait se contenter de peu, il avouait que ce tems avait été le plus heureux de sa vie.

Louis XV n'avait cependant pas oublié la promesse faite à sa mère; il lui avait donné fort jeune le cordon bleu, et le Gouvernement de Picardie; le cordon lui fit un très-grand plaisir, et cependant il oublia de s'en décorer la troisième fois qu'il fut chez le Roi après l'avoir reçu ; il nous citait ce trait, pour nous prouver que, par une fatalité attachée à l'humanité, les événemens heureux laissent des traces bien légères, en comparaison de la sensation que les malheurs nous font éprouver.

Le Maréchal de Saxe n'avait point perdu la peine qu'il s'était donnée, pour instruire M. de Périgord dans le métier de la guerre ; mais l'extrême modestie de celui-ci, ne lui permit jamais de parler de lui-même. A son retour de l'armée, il fut chez le Roi lui présenter un Officier qui s'était distingué pendant la campagne, et le pria de l'avancer.

Vous êtes toujours empressé, M. le Comte, lui dit Louis XV, de relever les belles actions des autres, et vous ne parlez jamais des vôtres. C'est le hasard, (et ces hasards sont rares à la Cour,) qui m'a appris que c'était à vous à qui, je devais le gain de cette bataille. M.

de Périgord voulut insister, Louis XV lui fit la même réponse en d'autres termes, et il fut obligé d'attendre quelques jours pour obtenir ce qu'il désirait.

Tout ce que j'ai dit doit avoir prouvé que Monsieur de Périgord fut toujours exempt d'ambition et d'orgueil ; son genre de vie était simple et uniforme en tems de paix ; il passait quelques mois chez son père, à la campagne, et le reste de l'année auprès du Dauphin, avec qui il se livrait à son goût pour les lettres et pour les arts.

Aimé et estimé de son Roi, de son ami, de sa femme, il jouissait du bonheur le plus pur, lorsque la santé du Dauphin vint le troubler ; et sa mort, qui arriva peu après, devint pour lui, et pour la France, une perte irréparable. Sa douleur fut extrême ; il resta trois jours sans connaissance ; on craignit pour sa vie.

Le tems a rétabli sa santé, mais n'a pu adoucir ses regrets. On me recommandait, avec soin, lorsque je commençais à le connaître plus particulièrement, de ne rien dire qui eut trait à ce Prince, parce qu'alors il se livrait à l'espèce de douceur qu'il trouvait à en parler; et le lendemain sa santé s'en ressentait. Je lui en ai cependant entendu parler; mais chaque fois ses yeux se baignaient de larmes, et sa voix s'altérait sensiblement.

Ceux qui ont cru que Louis XV n'avait pas apprécié le mérite de son fils, ont ignoré sans doute ce qu'il dit après l'avoir perdu.

« Les Français ne sentiront pas la
» perte qu'ils font; mon fils réunissait
» toutes les qualités, tous les talens,
» toutes les connaissances nécessaires à
» un grand Roi, à toutes les vertus d'un
» simple particulier. Ah! pourquoi ne
» suis-je pas mort plutôt que lui.

On a prétendu encore qu'il avait été jaloux de son fils; mais la modestie seule du Dauphin a pu le faire croire. Ayant cru s'apercevoir que l'espèce d'enthousiasme qu'il inspira, lorsqu'il commandait son régiment, à la bataille de Fontenoi; et les éloges tumultueux que l'armée lui prodiguait

prodiguait, avaient élevé un léger nuage dans les yeux de son père; il prit la résolution de ne pas retourner à la guerre, malgré ses talens pour cet art difficile. Il est possible encore que le genre de vie, les goûts, la régularité des mœurs du Dauphin, qu'on appelait à la Cour austérité; la manière froide avec laquelle il recevait les courtisans signalés par des aventures publiques, des galanteries d'éclat; toute sa conduite enfin fit peut-être craindre au Roi qu'elle ne fut la critique de la sienne. Ce sentiment a pu lui donner, avec lui, un air moins tendre qu'avec ses autres enfans, et même un peu gêné.

Mais au fond, Louis XV était le meilleur des pères; il n'a jamais été jaloux de son fils; il l'aimait, il l'estimait comme il méritait de l'être; et il l'a sincèrement regretté. Le Roi savait se rendre justice à lui-même; il sentait ses torts sans avoir la force de s'en corriger; et il disait quelquefois: mon fils les réparera: il semblait se reposer sur cette idée.

La douleur de Monsieur de Périgord avait jeté dans son ame des racines trop profondes, pour qu'il put chercher des distractions dans le monde; aussi a-t-il toujours vécu dans l'intérieur de sa famille depuis la mort du Dauphin. Il ne sortait de chez lui que lorsque ses devoirs ou ses affaires l'exigeaient. Le seul goût qui ne l'eut pas abandonné, était celui de la conversation des hommes qui réunissaient les grâces et le charme des manières aux connaissances.

Voltaire avait su l'apprécier, il parle de lui avec éloge dans ses ouvrages. Il était lié, depuis nombre d'années, avec Monsieur le Président de Montesquieu, qui souvent venait converser avec lui, et lui communiquait ses ouvrages avant de les livrer à l'impression : il était étonné de la justesse de son esprit, de l'étendue de ses lumières, lorsqu'il était question de politique, ou de rapports d'État à État, du Prince aux sujets, des sujets au Prince; enfin de cette science immense des êtres en société, vaste labyrinthe où tant d'hommes, qu'on a prétendu grands, se sont égarés.

Son extrême modestie le frappait beaucoup, quoique lui-même possédât cette qualité si rare; il disait quelquefois: il faut du tact et de l'esprit, pour apprécier celui de Monsieur de Périgord; car, la timidité, la manière douce et réservée avec laquelle il énonce ses idées, ferait croire, à un homme borné, qu'elles ne sont ni justes, ni réfléchies, et qu'il en sait plus que lui.

M. de Montesquieu avait encore remarqué la pureté, l'élégance avec laquelle il parlait sa langue: j'en fus frappée moi-même dans les premiers momens, je pris la liberté de le lui dire, et je crus, ce que sa modestie l'avait engagé à me répondre, que cela venait du peu d'habitude que j'avais de vivre en France, et avec des hommes élevés à la Cour. Mais j'ai appris depuis avec plaisir, par ma propre expérience, et par des hommes qui avaient entendu parler de lui à M. de Monstesquieu, qu'il avait fait la même observation que moi. M. de PÉRIGORD était encore destiné à perdre cet ami si précieux pour lui, le seul qui eut obtenu toute sa confiance, car il l'accordait difficilement. Sa mort l'affligea sensiblement ; souvent il disait, surtout depuis celle de sa femme qui arriva en 1775, je ne veux plus m'attacher à personne, puisque j'ai le malheur de perdre tous ceux qui me sont chers.

MAIS son ame était faite pour l'amitié, et les égoïstes sont les seuls pour qui elle ne soit pas un besoin. Sa correspondance avec M. de Montesquieu, s'était soutenue jusques à sa mort. Nous le sollicitions souvent de faire imprimer ses lettres, il renvoyait d'une année à l'autre ; lorsque je fus à Paris, je le priai de me permettre au moins de les lire, j'en éprouvai un refus qui m'affligea ; et je demandai à un savant qui était en relation avec lui depuis nombre d'années, s'il connaissait ces lettres, s'il savait la raison de son refus.

OUI, je la sais, me répondit-il, je sais que ce refus tient à sa modestie, parce que cet illustre ami lui donne dans toutes ses lettres, des éloges fins, délicats, toujours mérités, et réellement flatteurs dans la bouche d'un homme vrai tel que M. de Monstesquieu. Sa fille a été la seule personne qui ait pu obtenir de lui de me les laisser lire.

L'ESTIME et l'affection que M. le Dauphin avait pour M. de PÉRIGORD, et la certitude où il était, qu'il ferait le bonheur des habitans d'une grande Province, l'avaient engagé à demander au Roi, pour lui, à son insu, le commandement en chef de la Province de Languedoc, lorsqu'il viendrait à vaquer. Le Roi en lui témoignant son regret de l'avoir promis, lui donna sa parole, que, si par quelque événement, il était dégagé de sa promesse, cette place éminente serait dévolue à son ami. Le cas arriva, et Louis XV tint ses engagemens en donnant après la mort du Dauphin, et en son nom, le commandement en chef de la Province de Languedoc à M. de PÉRIGORD.

Vous connaissez, Madame, le Gouvernement qui existait en France; je ne vous donnerai donc aucuns détails sur l'emploi de Commandant en chef; je me bornerai à vous dire que le Cardinal de Richelieu, attribuait au Gouvernement féodal qui existait sous le règne de Louis treize, et aux deux religions qui divisaient ce Royaume, les guerres civiles toujours renaissantes, et souvent excitées par les grands vassaux de la Couronne. Il avait la noble ambition de donner à sa Patrie un Gouvernement stable, pour y faire fleurir les arts, le commerce, et la faire parvenir à ce haut degré de grandeur, de richesse et de puissance où nous la voyons aujourd'hui.

UNIQUEMENT occupé de ce grand projet, il crut que le meilleur moyen pour le faire réussir, était de mettre fin aux guerres de religion, d'attirer à la Cour les grands Barons de la Couronne; afin que leur absence leur faisant perdre l'affection de leurs vassaux, ils s'attachassent uniquement au Roi. Ce grand homme ne pouvait prévoir que cette mesure, si sage alors, serait une des principales causes que Louis XVI périrait sur l'échafaud, avec une partie de cette malheureuse noblesse ; et que l'autre serait obligée de vivre errante en pays étrangers. Il me paraît certain que si la haute noblesse, avait continué de vivre dans ses terres, si elle y avait dépensé ses revenus, elle aurait conservé l'affection de ses vassaux, et n'aurait point éprouvé les malheurs qui lui sont arrivés. Ce terrible exemple doit servir de leçon à tous les grands propriétaires.

Mais je m'écarte trop long-tems de mon sujet.

M. de Périgord était bien fait pour être aimé et respecté ; son caractère doux et ferme en même tems, lui fesait desirer de rendre heureux tout ce qui dépendait de lui ; son esprit juste et équitable, sa bonté, son humanité, le rendaient attentif à accueillir également bien les gens de tous les états.

Sa manière de s'expliquer noble et simple ; ce talent si rare de ne blesser jamais l'amour propre de personne ; son indulgence qui lui fesait chercher sans cesse à affaiblir les torts, à voiler les ridicules; sa gaieté, son goût pour le badinage, qu'il savait, (ainsi que vous, Madame,) rendre flatteur pour celui qui en était l'objet; toutes ces qualités, dis-je, réunies à l'esprit et aux connaissances, répandaient sur lui un charme attachant dont on ne pouvait se défendre. Il aimait la société intime, principalement celle des hommes éclairés, et des femmes aimables; son ame faite pour l'amitié ne fut point à l'abri d'un mouvement plus tendre; mais sa délicatesse, sur cet objet, fut la même que sur tous les autres; et il fut plus soigneux de la réputation d'une femme qui se respectait, qu'elle ne pouvait l'être elle-même. Jamais il ne se laissa subjuguer par le sentiment de son cœur; et ni l'amour, ni l'amitié, ne prirent trop d'empire sur lui: maître de ses propres penchans, il a su en jouir sans s'y abandonner.

SA modestie naturelle, et l'étude constante et réfléchie qu'il avait faite du cœur humain, et des passions qui l'agitent dans l'état de société, lui avaient donné un peu de défiance; il était persuadé que c'était le Grand Seigneur, plutôt que lui, que l'on recherchait, et cette idée l'avait rendu inaccessible à la louange.

L'ÉTUDE d'une morale épurée l'avait conduit à des principes tels, qu'assuré de lui-même, il était capable de réprimer sa colère, ce premier mouvement si impétueux chez la plupart des hommes; et quelque tort qu'on put avoir envers lui, quelqu'offense qu'on put lui avoir faite, rien ne pouvait l'engager à trahir la confiance qu'on aurait eu en lui, ou à abuser d'un secret qui lui aurait été confié; ses vertus étaient un don de la nature, perfectionné par l'étude et la connaissance des hommes. Jamais il ne se départit des règles austères qu'il s'était faites; jamais elles ne lui coûtèrent le moindre effort: son cœur était du vieux tems, et son esprit avoit reçu toutes les lumières du dix-huitième siècle.

A l'esquisse, sans doute bien imparfaite, que je viens de vous tracer du caractère de Monsieur de PÉRIGORD, je joindrai quelques traits choisis dans le nombre de ceux que je connais; ils vous prouveront, Madame, combien est fondée l'opinion que j'en ai, et à quel point il mérite sa juste réputation.

C'EST celui que je vais vous citer, qui me donna le désir d'obtenir son amitié. Je le voyais souvent dans le monde et chez lui; je vivais même dans sa société; mais sa froideur et ma timidité, peut-être aussi cette prévention naturelle aux républicains contre les gens de la Cour, avait été cause que je le connaissais peu, quoique je fusse, depuis une année, dans cette province.

VOICI, Madame, une anecdote qui m'a paru mériter quelque attention; elle vous prouvera la bonté du caractère de Monsieur de PÉRIGORD. Un homme qui lui témoignait de l'affection, et lui avait inspiré de l'intérêt, paraissait triste et agité depuis quelque tems; Monsieur de

Périgord lui demanda s'il avait quelques peines secrètes qu'il fut en son pouvoir d'adoucir? aucune, répondit-il; mais avec l'accent de la plus vive douleur.

Monsieur de Périgord insista; cet homme lui dit alors : des circonstances malheureuses ont mis le désordre dans mes affaires; j'ai des paiemens trèsprochains à faire, sans trouver à emprunter, et je vois que je serai obligé de manquer à mes engagemens, ce qui me réduit au désespoir.

Faites-moi connaître vos pertes, lui dit Monsieur de Périgord, et soyez sûr que je vous soutiendrai, si cela m'est possible.

Cet homme parut touché, le remercia avec l'expression de la reconnaissance, et lui apporta ses livres le surlendemain. Il les examina légèrement avec lui, vit la note des paiemens qu'il était obligé de faire à différens termes, et voyant que le premier était prêt à écheoir, il lui donna la somme nécessaire pour l'acquitter.

Ses gens trouvaient souvent, dans son appartement, des lettres anonymes, pleines d'injures contre le Roi, contre lui et contre le Gouvernement; quoiqu'il en fut affecté, il ne cherchait pas à en connaître les auteurs. Le jour même que Monsieur de Périgord était venu au secours de ce particulier, un de ses gens lui présenta une de ces infâmes lettres, et lui dit : dès long-tems je me défiais de la personne avec laquelle vous avez resté renfermé dans votre cabinet; je l'ai observée, et l'ai vue placer cet écrit sous l'un des vases du salon : et il ajouta quelques circonstances faites pour convaincre de la vérité de son rapport.

Monsieur de Périgord avait peine à croire à tant de perfidie; son valet de chambre le comprit, et offrit de lui fournir les moyens de s'en convaincre par ses propres yeux.

En effet, il ne tarda pas à être certain que celui à qui il venait de rendre un service si important, était le même qui répandait d'injurieux libelles dans son appartement: l'en punir était aisé; l'abandonner du moins était naturel; mais par-là il perdait le mérite de faire une belle action. Monsieur de PÉRIGORD, ne consultant que son cœur, ordonna le secret à son domestique, termina les affaires de cet homme, en lui remettant deux billets à ordre pour ses autres échéances, et lui fit fermer sa porte; mais sans lui laisser connaître qu'il était instruit de son indigne procédé.

CETTE affaire n'eût jamais été connue, si Monsieur de PÉRIGORD, qui en était vivement affecté, n'en eût parlé sans cesse dans le délire d'une maladie grave, dont il fut attaqué peu de tems après. Son valet de chambre, persuadé que son maître était aux portes du tombeau, et que cet odieux procédé avait contribué à agraver sa maladie, pénétré de douleur et dans l'abandon de son ame déchirée, raconta publiquement le crime de cet ingrat, et la sublime action de son bienfaiteur.

MONSIEUR de PÉRIGORD, revenu à

la vie, fut sincèrement affligé que le zèle indiscret de son domestique eût couvert d'opprobre cet homme, tout indigne qu'il était de sa bienveillance. Ce trait, d'une extrême générosité, est loin d'être unique dans la vie de Monsieur de Périgord; mais je répugne, Madame, à vous entretenir des méchans: je préfère vous raconter des anecdotes moins faites pour dégrader le cœur humain.

Celle dont je vais vous parler est certaine. La province de Languedoc, où commandait Monsieur de Périgord, fut célèbre par l'esprit inquiet de ses habitans, surtout de ceux des montagnes, aigris depuis long-tems par le souvenir des persécutions religieuses; ils le manifestaient surtout à l'arrivée d'un nouveau Commandant; c'était, disaient-ils, *pour lui tâter le pouls*, et savoir ce qu'ils pourraient gagner sur lui.

A peine Monsieur de Périgord fut-il arrivé en Languedoc, qu'il s'y forma un complot, à la tête duquel était un jeune homme bien né, mais ardent, et dont l'éducation avait été soignée.

Monsieur de Périgord ne tarda pas à en être instruit : il sut que ce jeune homme vivait avec un frère aîné, dont les principes et la conduite étaient parfaitement sages ; et cela lui fournit l'espérance d'éteindre, par un seul trait de bonté, les premières étincelles du feu qui semblait se manifester. Il fait arrêter le coupable, en plein jour, chez son frère ; ses papiers sont saisis ; il est jeté dans une voiture, et conduit à Montpellier, résidence de Monsieur de Périgord. Quel coup pour ce frère, qui n'avait que trop de raison de se douter de la coupable inconsidération de son cadet ; et quelles ne furent pas les douloureuses réflexions de celui-ci pendant la route !

Cependant il prit assez sur lui pour paraître avec calme devant Monsieur de Périgord, qui chercha, avec douceur et fermeté, à lui faire sentir les conséquences de ce complot. Il l'interrogea sur ses motifs, sur ses vues ; mais il n'en arracha aucune réponse : il ne vit même chez lui aucun signe de trouble ni d'embarras. Est-ce le besoin, lui dit-il enfin, qui vous donne cet esprit d'inquiétude et de rebellion ? Parlez sans crainte ; si cela est, choisissez un état ; préférez-vous le commerce ? je vous fournirai les fonds nécessaires. Je n'ai besoin de rien ; c'est tout ce que répondit cet homme endurci ou défiant.

Vous voulez épuiser ma patience et ma bonté, dit Monsieur de Périgord ; mais vous ne réussirez pas : allez, retournez chez vous ; je sais que votre frère est un honnête homme ; j'espère que l'âge et ses soins vous corrigeront ; mais souvenez-vous que mes yeux seront ouverts sur votre conduite.

Il partit sans proférer une seule parole. Son frère n'espérait plus le revoir ; lorsqu'il arriva chez lui, il crut que c'était une illusion : mais bientôt ses larmes coulèrent avec abondance, en le serrant dans ses bras ; et quand celui-ci lui raconta avec quelle bonté Monsieur de Périgord lui avait parlé, quelles avaient
été

été ses offres et sa générosité, il fut pénétré de la plus vive reconnaissance.

Je fis un voyage dans les montagnes des Cevennes, en 1781; on lui dit que j'avais l'honneur de connaître Monsieur de Périgord; à l'instant même il vint me chercher pour me parler de lui, et il me fit son histoire avec ce ton simple et vrai, qui touche et qui persuade.

Monsieur de Périgord ne jouait jamais: nous passions souvent les soirées ensemble; et quelques personnes conversaient paisiblement avec lui. Nous parlions une fois de M. de Montesquieu, des lettres de cachet; il nous raconta que lorsque Monsieur de Malsherbes était parvenu au Ministère, il avait écrit une lettre circulaire à tous les Commandans de province, pour leur demander la note de ceux qui étaient détenus de cette manière, dans les prisons de leur ressort, et des raisons de leur détention.

Monsieur de Périgord lui répondit: il n'y a ici qu'un seul homme enfermé par lettre de cachet; et je n'y ai consenti qu'après avoir eu l'attestation des médecins et de toute sa famille, que cet homme était fou, furieux, qu'il avait voulu tuer sa femme, ses enfans, et en avait blessé un dangereusement. Je n'ai demandé au Roi, ajouta-t-il, depuis nombre d'années que je commande dans cette province, que deux lettres de cachet: celle dont je viens de vous parler, et une autre que je me suis vivement reprochée, puisque j'ai eu le malheur de faire rester en prison, pendant trois ans, un homme innocent. D'ailleurs, lorsque je demande au Roi une lettre de cachet, je le prie toujours de m'envoyer en même tems la permission de la révoquer.

Monsieur de Malsherbes écrivit à Monsieur de Périgord, une lettre extrêmement honnête, et finissait en disant qu'il avait été trompé sur le nombre des détenus dans les provinces.

Nous le priâmes de nous raconter l'histoire de cet infortuné prisonnier: comme il aime peu à parler, et qu'il y avait là un de ceux qui l'avaient aidé à découvrir son innocence, il le pria de se charger de ce récit : mais nous ne voulûmes pas y consentir; et voici à peu près ce que nous dit Monsieur de PÉRIGORD.

UN Évêque lui écrivit, que le Curé d'une paroisse de son Diocèse, avait été accusé d'avoir violé et assassiné ensuite une jeune fille. Ce curé était un homme de 50 à 55 ans; il paraissait jouir de l'estime et de l'affection de ses paroissiens; et cependant aucun n'avait pris sa défense; ce qui fesait présumer qu'il avait été justement soupçonné par eux, d'avoir eu part à d'autres crimes commis dans cette paroisse et aux environs, dont on n'avait pu découvrir les auteurs. Monsieur de PÉRIGORD prit toutes les informations possibles, elles furent à la charge de ce malheureux curé, et on le conduisit dans les prisons.

IL est d'usage que ceux qui sont préposés pour la garde des prisonniers, rendent compte de leur conduite au

Commandant. On lui écrivit que ce curé paraissait calme, ne cherchait point à s'évader, ni à faire parler celui qui lui portait à manger; qu'il avait une figure vénérable, et priait Dieu très-exactement.

MONSIEUR de PÉRIGORD donna ordre que le geolier cherchât à entrer en conversation avec lui, à obtenir sa confiance: qu'il lui offrît de le faire promener dans le jardin, et de lui procurer des livres.

LE curé ne répondit d'abord que par monosyllabes; mais au bout de quelques jours, il dit qu'il ne respirerait jamais l'air du jardin, quelque besoin qu'il en eût: mais que, consumé d'ennui, il recevrait des livres avec plaisir. La note faite, le geolier la fit remettre à Monsieur de PÉRIGORD. Le choix de ces livres prouvait une ame calme, pieuse et pure. Il les envoya tout de suite au geolier, et en ajouta quelques-uns dans le même genre. Dès que le curé en eut parcouru les titres, sa physionomie s'ouvrit pour la première fois, il mit beaucoup de sensibilité dans ses remercîmens, et dit au geolier: je ne craindrai plus l'ennui; la lecture me distraira; elle adoucira la peine que j'éprouve, d'être séparé de mes paroissiens.

Monsieur de Périgord fit prendre de nouvelles informations; elles se trouvèrent à la charge de ce malheureux curé; il en fut affligé; mais ne voulut pas le priver des douceurs qu'il lui avait procurées, et donna ordre qu'il fut observé, sans être plus resserré. Les mois, les années s'écoulaient, et les rapports de la patience et de la résignation de ce curé, dans sa prison, étaient également satisfaisans. Depuis trois ans qu'il était privé de sa liberté, il ne s'était permis aucune plainte, aucun murmure; il manifestait une attention scrupuleuse à remplir ses devoirs de chrétien, et une confiance entière dans les décrets de la Providence.

La pratique soutenue de tant de vertus, donna de nouveaux doutes à Monsieur de Périgord; comment l'allier avec une conscience chargée de crimes?

Il prit la résolution de chercher la vérité par une autre voie; pour cela, il envoya secrétement, sur les lieux, deux personnes distinguées par leurs lumières et leur pénétration : il les pria de prendre tous les renseignemens possibles sur le caractère moral du détenu, sur sa vie publique et privée, sur sa réputation, et sur les circonstances du délit dont il était prévenu.

Ces Messieurs s'acquittèrent très-bien de cette intéressante commission.

Un hasard heureux leur fit rencontrer un fermier dont ils étaient connus, et qui était établi dans ce bourg depuis nombre d'années : il leur raconta, de la manière la plus détaillée, toutes les circonstances de ce crime atroce, commis par deux scélérats qui avaient su inspirer de la crainte aux paysans; et cependant gagner leur confiance, au point de leur persuader que ce malheureux curé en était l'auteur.

Ils ne voulurent cependant pas s'en retourner sans avoir été chez le Vicaire, qui était un très-honnête homme, et chez quelques paysans. Tout leur confirma la vérité du récit que le fermier leur avait fait; et ils s'en allèrent fort contens, rendre compte à Monsieur de Périgord du succès de leur voyage. Les ordres furent donnés à l'instant même pour faire arrêter ces deux assassins. Mais ils avaient déjà pris la fuite; le motif du voyage de ces Messieurs, qui n'avait pu rester secret, les avait fait disparaître.

Tel fut le rapport de M. de Périgord; l'intérêt vif qu'il nous avait inspiré pour ce bon curé, nous fesait vivement désirer d'apprendre quel avait été son sort, lorsqu'il fut sorti de sa prison. Mais c'est ce dont il se garda bien de nous parler. Il aurait trop cru ternir le mérite de ses belles actions en les faisant apercevoir; et ce fut par l'un de ces Messieurs qui avaient employé leur tems et leurs soins pour découvrir la vérité, et justifier l'homme de bien, injustement accusé, que nous sumes la suite de cette étrange affaire.

Il nous dit que Monsieur de Périgord, après s'être occupé de la punition du crime, avait immédiatement travaillé à réparer son erreur ; qu'il avait envoyé chercher ce bon curé, avec ordre qu'on ne le laissât parler à personne, soit sur la route, soit en arrivant chez lui. Il fut frappé de son extérieur ; sa figure portait l'empreinte de l'honnêteté de son ame. Les apparences ont été si fortes contre vous, lui dit-il, que je n'ai pu être instruit de la vérité qu'au moment où je vous ai envoyé chercher. J'ai fait connaître au Roi votre innocence et votre bonne conduite pendant les trois ans de votre injuste détention. Vos paroissiens en sont instruits aussi ; et votre Vicaire a maintenu dans leur cœur l'attachement qu'ils avaient pour vous. On n'a pas disposé de votre cure; j'aimais à croire que votre innocence se découvrirait enfin : mais peut-être, n'y retourneriez-vous pas avec plaisir. J'ai obtenu de votre Évêque qu'il vous en donnât une plus considérable, et qui vous rapprochât de votre famille. Je ferai nommer votre Vicaire à celle que vous desserviez. Il s'est très-bien conduit pendant votre absence ; il mérite cette récompense.

Le Curé gardait le silence. Vous êtes attaché à votre Vicaire ? continua M. de Périgord ; c'était vous qui l'aviez formé ; vous désirez, peut-être, le conserver ?

Puisque j'ai formé celui-là, dit alors le Curé, j'en formerai bien un autre ; et je lui suis trop attaché, pour ne pas désirer qu'il soit bien placé. Ce sont mes paroissiens que je regrette ; je ne suis plus jeune ; je n'ai jamais eu d'ambition.

Eh bien ! conservez votre cure, et votre Vicaire aura celle qui vous était destinée : j'espère que votre conduite sera la même qu'avant votre détention, et que vous maintiendrez dans le cœur de vos paroissiens, l'amour et le respect qu'ils doivent à leur Roi.

Le retour subit au bonheur avait étouffé pour ainsi dire, la voix de ce respectable Curé. La joie de retourner dans sa paroisse et d'y retrouver le cœur de ses enfans, (car c'est ainsi qu'il nommait ses paroissiens) lui rendit la parole. Il remercia avec sentiment, et voulut se retirer.

M. de PÉRIGORD le retint, ouvrit son bureau et lui présenta la somme qu'il aurait retirée de sa cure pendant ces trois ans. Il la refusa avec une vertueuse fermeté, en disant qu'il n'avait nullement besoin d'argent.

Vous êtes charitable, je le sais, lui dit Monsieur de PÉRIGORD ; prenez, vous serez en état de secourir un plus grand nombre de malheureux. Il accepta, mais à ce titre seul. Peu après, Monsieur de PÉRIGORD le fit conduire à sa cure, et l'y fit installer de nouveau avec dignité, et une espèce de pompe, qui annonçait publiquement son estime pour cet homme respectable.

JE ne dois pas négliger de vous dire, Madame, que ce bon Curé, pria ces Messieurs, avant son départ, de publier la manière dont leur digne Commandant savait réparer un tort involontaire : telles furent ses expressions.

A l'époque de la révolution, j'ai désiré savoir quel parti avait pris ce Curé. J'ai appris qu'il était resté fidèle à ses principes religieux ; et que, pour ne pas prêter le serment qu'on avait imposé aux prêtres, il s'était réfugié dans le sein de sa famille, où il avait eu le bonheur de mourir avant l'époque des persécutions, qui n'auraient pas manqué de l'atteindre.

M. de Périgord ne partageait pas ces opinions légères et calomnieuses que tant de gens se plaisent à débiter sur le compte des femmes. Un étranger lui disait un jour qu'une seule infidélité faite par une femme à son mari, la rendait inévitablement galante ; il soutenait le contraire, et entreprit de nous le prouver par un fait dans lequel vous allez le voir montrer autant d'humanité que de sagesse, et de connaissance du cœur humain.

Il nous raconta qu'une jeune femme, paraissant arriver de loin, s'était présentée chez lui, et avait demandé à le voir en particulier : il la reçut dans son cabinet. La beauté de ses traits, sa physionomie noble, qui annonçait une ame distinguée; son trouble et son affliction, le disposèrent à l'écouter favorablement.

Invitée par lui à calmer son agitation et à s'expliquer avec confiance sur le but de sa visite, elle lui dit : je suis fille de qualité ; mes parens me marièrent, il y a quelques années, à un homme d'une famille et d'un état distingué. Mon cœur fut moins sensible à ces avantages qu'à son mérite personnel et à ses sentimens tendres et délicats.

Nous avons vécu dans la plus douce union jusques au printems dernier, que le devoir de sa place l'a forcé à s'éloigner de moi pour long-tems. Je relevais pour lors d'une maladie grave, qui m'avait jetée dans la mélancolie, et me fesait fuir la société.

Pour jouir ensemble des derniers momens qu'il pouvait me donner avant son départ, nous nous étions retirés dans une de ses terres : un seul ami nous y avait suivi; c'était le compagnon d'enfance de mon mari ; mêmes goûts, même état, mêmes occupations, avaient serré les liens de leur première jeunesse ; ils ne s'étaient jamais quittés : mon mariage même n'avait pas été un obstacle à leur intimité ; il semblait être frère de tous deux, et jouir de toute notre félicité.

J'avais annoncé la résolution de passer, dans la terre où nous étions, tout le tems de l'absence de mon mari ; mon désespoir, au moment de son départ, lui fit craindre que la solitude où il allait me laisser ne me devint funeste ; il pria son ami d'y rester avec moi. Par un secret pressentiment je refusai long-tems d'accepter cette société ; mon mari l'exigea ; je cédai, et il partit plus tranquille. Mon abattement fut extrême pendant long-tems ; les soins de cet ami furent suivis, mais réservés ; ils devinrent plus actifs, quand ma douleur se développa moins. D'un esprit doux et insinuant, rempli d'ailleurs de talens agréables, il employait le charme des attentions les plus détaillées, pour me devenir nécessaire ; il parvint ainsi, sans même que je m'en aperçusse, à captiver mon âme; mon sort cessa d'avoir de l'amertume : sans défiance sur moi-même, il me semblait que je n'avais fait que retrouver le calme si nécessaire à ma santé ; et je m'applaudissais de le devoir à l'ami que mon mari m'avait donné.

Je croyais n'avoir pour cet homme aimable que de la reconnaissance ; mais quel fut mon désespoir quand, par le plus cruel abus de ma confiance, je me trouvai, sans m'en être doutée, victime de cet ami perfide. Détestant alors ma propre faiblesse, en horreur à moi-même, mon sort me parût d'autant plus affreux, que mon attachement tendre et sincère pour mon mari, et le sentiment de mon devoir ne laissaient aucune excuse à mon égarement.

Mais bientôt rendue par le malheur, je puis le dire, à mon propre caractère, mon premier soin fut d'éloigner de moi l'être fatal, qui, en abusant de ma faiblesse, avait empoisonné le cours de ma vie.

J'essayais dans la solitude de retrouver le calme, lorsque les symptômes d'une grossesse, suite de ce fatal moment d'oubli, vinrent me livrer à un sentiment d'horreur, d'un genre que je ne saurais exprimer; il était d'autant plus grand, que je ne voyais de ressource pour cacher mon état et me délivrer des suites, que dans l'homme même qui l'avait causé.

Je balançai quelques jours; mais enfin, sûre de moi, j'osai le rappeler; et nous concertâmes ensemble les moyens de faire échapper à tous les yeux l'effet de ma faute.

Je me livrais à cette espérance, lorsque je reçus de mon mari une lettre pleine de tendresse. Il me disait que dans peu de tems il serait auprès de moi; et que dégoûté d'un état qui nous séparait souvent et pour long-tems, son intention était de le sacrifier à la douceur de vivre constamment avec moi, qui lui tenais lieu de tout.

A la lecture de cette lettre je fus sur

le point d'anéantir le sentiment de ma douleur en faisant le sacrifice de ma vie ; mais bientôt je sentis que la cause de ma mort serait dévoilée par ma mort même.

Mon mari se ferait sans doute un devoir de la venger sur l'auteur de mon deshonneur, et il succomberait ensuite au désespoir d'avoir été trahi par deux êtres si tendrement chéris. Je me crus dès-lors obligée d'essayer s'il était possible de sortir du gouffre où j'étais tombée et où j'attirais successivement tout ce qui m'était attaché. L'homme faible ou perfide, auteur de mon état, me devenait inutile ; je l'éloignai. Abandonnée à moi seule, je pensai à vous, Monsieur le Comte ; vous êtes le seul être bienfaisant qui reste au monde pour moi : vos vertus sont connues ; toutes les villes de la Province ont appris que la noblesse de vos sentimens égale celle de votre naissance ; elles sont instruites de votre humanité, de votre sensibilité ; mon mari est sous vos ordres ; vous pouvez tout sur lui, ordonnez de son sort et du mien ;

je

je me jète à vos pieds pour attendre votre arrêt.

Je fus frappé, nous dit Monsieur de Périgord, du caractère énergique de cette femme. Ému par la chaleur de son récit, mais surtout vivement touché de son état et de la confiance qu'elle me témoignait, je ne voulus pas cependant lui laisser apercevoir l'impression avantageuse qu'elle avait fait sur moi avant qu'elle se nommât, et je la priai de me donner quelques détails sur sa famille et sur celle de son mari.

Mais quel ne fut pas mon étonnement en entendant son nom.

Cette Dame, de l'une des premières maisons de la Province, joignait à la réputation de vertu la mieux établie, celle d'un esprit solide, éclairé, et de ces qualités distinguées qui rendent les personnes qui en sont douées, si supérieures aux autres. Le seul reproche qu'on lui fît dans son pays était de fuir le monde. Enfin ; le sort de son mari, militaire estimé, était généralement envié.

La connaissance que l'âge et la réflexion m'ont fait acquérir du cœur humain, sollicitait mon indulgence pour deux personnes plus faibles que coupables, et me fesait sentir qu'une femme jeune, tendre et sans défiance d'elle-même, avait pu succomber un instant, malgré sa vertu et son attachement pour son époux.

Je désirai calmer son agitation, et je me hâtai de lui faire connaître mon plan pour tenir son époux éloigné pendant tout le tems nécessaire à ses couches et à son rétablissement. Comme ce plan était opposé aux dernières intentions de son mari, elle devait, par des lettres analogues à ses vues, le déterminer à y entrer, en acceptant pour un tems plus ou moins long, les ordres que je lui ferais donner.

A ces mots, cette femme, qui avait été soutenue par l'incertitude d'obtenir ce qu'elle me demandait, succombant sous le poids de son état, répandit un torrent de larmes, sans pouvoir proférer une seule parole, et ce ne fut qu'au bout d'un tems considérable qu'elle pût revenir à elle-même.

J'éprouvais, je l'avoue, une vive satisfaction d'occuper une place qui me fournissait les moyens de rendre à la vie, et peut-être au bonheur, deux personnes également intéressantes.

Je lui expédiai le lendemain un courrier porteur de mes ordres, et des lettres de sa femme.

Dès qu'il fut revenu, qu'elle eut acquis la certitude que son mari avait accepté l'emploi que je lui confiais, cette femme, qui inspirait tant d'intérêt, malgré sa faiblesse, voulut partir, et me promit en se séparant de moi, que jamais je n'aurais à me repentir de ce que je fesais pour elle.

Elle m'a tenu parole : le sentiment de sa faute ne lui a point fait perdre l'estime qu'elle se devait à elle-même ; mais elle lui a appris à se défier de ses forces ; et que la femme la plus honnête n'est pas pour cela plus à l'abri d'une faiblesse.

M. de Périgord nous assura, en finissant son récit, que le bonheur de ces deux époux n'avait été troublé par aucun nuage. Mais cette femme sensible n'avait pu recouvrer sa gaieté ; et ils étaient morts l'un et l'autre depuis quelques années. Sans cela, il ne se serait jamais permis de raconter une anecdote qui ne lui appartenait que par l'intérêt qu'il y avait pris.

Nous le priâmes de nous dire ce qu'était devenu, pendant la durée de la maladie de cette Dame, et après sa réunion avec son mari, cet ami si cher à celui-ci, et si funeste à sa femme. J'ai comme vous été curieux de le savoir, nous dit-il ; je l'ai fait observer dès le commencement de la grossesse. Il prit les plus grandes précautions pour que ce malheur restât parfaitement inconnu ; et j'ai eu la satisfaction de le trouver digne du jugement favorable que j'en avais porté. Tourmenté par le sentiment du danger auquel il avait exposé une femme digne de tous les hommages, et peut-être aussi par les cris de l'amitié trahie, il n'avait cessé d'errer dans les environs de sa demeure, sans jamais chercher à la voir : après sa délivrance, et le rétablissement de sa santé, n'osant paraître, ni devant son ami, ni devant son épouse, il a sollicité de l'emploi au-delà des mers. Il est parti, et n'a plus reparu en France.

Vous le voyez, ajouta Monsieur de Périgord, qu'il y a des femmes qui peuvent n'avoir qu'une seule faiblesse; et les gens en place sont souvent obligés de donner des ordres qui paraissent arbitraires, parce qu'on n'en connaît pas le motif.

Monsieur de Périgord avait gagné tous les cœurs dans la Province. Il se plaisait infiniment à Montpellier, et il y prolongeait son séjour le plus long-tems qu'il lui était possible. Une année qu'une affaire de famille l'obligeait de retourner à Paris plutôt qu'à l'ordinaire, il cherchait à gagner du tems, lorsqu'il reçut une lettre si pressante, qu'elle le détermina à partir le lendemain. Ses amis étaient encore occupés de leurs regrets, lorsque nous apprimes que sa voiture, rompue à quelques lieues de la ville, l'avait obligé de revenir. Je me rendis immédiatement chez lui ; il était entouré de gens qui, en le plaignant de cette contrariété, s'empressaient de pourvoir à son dîner. Dès que je pus l'aborder, je le priai de me donner quelques détails sur un accident qui ne paraissait pas l'avoir affecté.

Il me dit que lorsque sa voiture s'était rompue, un meunier, témoin de son embarras, lui avait offert de le ramener à la ville sur son char; mais il avait préféré faire, sous sa conduite, la route à pied, tandis que ses gens pourvoyaient au soin de ses équipages.

Ce meunier, homme jeune et d'une physionomie prévenante, avait été d'abord un peu décontenancé de se trouver marchant tête à tête avec le Commandant de la Province : mais Monsieur de Périgord l'avait bientôt mis à son aise, en lui parlant de sa famille, de son moulin, de ses affaires, dans le patois du pays, qu'il savait assez bien; cet homme avait fini par lui dire: je me suis marié par inclination; j'aime ma femme comme le premier jour de mes noces; elle m'a donné des enfans beaux comme le jour; ils sont le vrai portrait de leur père; j'ai deux moulins très-achalandés; je suis aimé de mes voisins; et, sans nous vanter, ma femme et moi les avons toujours aidés lorsqu'ils se sont trouvés dans le besoin.

Je vois, avec plaisir, que vous êtes heureux, lui dit Monsieur de Périgord, car vous paraissez un bien honnête homme.

Il répondit, en soupirant: rien ne manquerait à mon bonheur, si je n'avais pas été obligé d'emprunter dès la première année de mon mariage.

J'offris de payer les intérêts annuellement; mocn réancier me dit que cela se trouverait une autre fois: ma dette s'est beaucoup augmentée; et un de mes voisins m'a averti que cet homme assurait que le plus beau, le plus grand de mes moulins, le pré et le champ qui en dépendent, ne suffiront pas pour le payer. J'ai voulu tout de suite éclaircir cette affaire, tout vendre pour m'acquitter ; mais ma femme pleurait, se désolait dès qu'il en était question ; c'est une si brave femme, je n'ai pas le courage de l'affliger ; et quand nous sommes à table tous réunis, que je vois mes six enfans, comme ils sont beaux, comme ils me ressemblent, et que je pense que je n'aurai pas de quoi achever de les élever, je sens mon cœur se serrer, et je suis obligé de sortir pour cacher mes larmes.

Monsieur de Périgord lui demanda s'il n'avait pas consulté quelqu'habile praticien ? oui, répondit-il, et je n'en suis pas plus avancé, puisqu'on m'a dit qu'en voulant régler mes comptes avec mon créancier, il pourrait m'obliger au plus prompt paiement.

Ils arrivèrent, en causant ainsi, jusques à la porte de la ville. Le meunier voulut prendre congé de Monsieur de Périgord, car il était intimidé de marcher à côté d'un cordon bleu : mais il ne voulut pas y consentir : il le fit entrer chez lui ; donna ordre, en sa présence, à un homme intelligent de s'instruire de son affaire, et l'assura que si elle était telle qu'il la lui avait racontée, il lui rendrait le repos et le bonheur.

Vous voyez donc bien, me dit M. de Périgord, que j'ai raison d'être consolé de l'accident qui m'est arrivé, puisque, sans cela, je n'aurais pas été à portée de rendre service à ces braves gens. Ma voiture sera raccommodée demain matin ; je courrai la poste une ou deux nuits, et j'arriverai à tems pour terminer l'affaire qui m'appelle à Paris.

Cette manière simple de parler d'une très-belle action, le plaisir qu'il goûtait à la faire si bien exprimer par cette physionomie si intéressante, lorsqu'elle était animée, me causa une émotion très-vive : mes yeux se mouillèrent de larmes, et mes lèvres s'ouvraient pour lui exprimer ce que je sentais ; mais il me fit signe de garder le silence, et me demanda le secret.

On fut très-surpris de voir le Commandant de la Province, traversant la ville à pied, et parlant familièrement avec ce meunier qui l'accompagnait. Le soir, en retournant à son moulin, il ne pouvait suffire aux questions qu'on lui fesait, sur une avanture si extraordinaire.

Monsieur de Périgord partit le lendemain; et le peuple, qui avait été instruit, par le meunier, de la générosité de son bienfaiteur, s'empressa de se trouver sur son passage pour le combler de vœux et de bénédictions.

Monsieur de Périgord avait souvent excité ma curiosité, en me parlant *de sa petite secte*. Toutes les fois qu'il arrivait quelques désordres dans la province, il disait : si tous les hommes ressemblaient à ceux qui la composent, il serait bien doux et bien facile de les gouverner.

Je le priai enfin de me dire ce que c'était que cette petite secte. Il me raconta que la seconde année de son commandement, un homme à cheveux blancs lui avait apporté une lettre écrite au nom de quelques familles, qui, ayant voulu s'établir dans la province, avaient été également inquiétées par les catholiques et les protestans, parce qu'elles professaient une religion différente: elles désiraient cependant y rester, et lui demandaient sa protection pour s'établir dans un grand bourg peu habité depuis nombre d'années.

Il la leur promit, sous la condition qu'ils seraient soumis aux lois, et qu'ils ne chercheraient pas à faire des prosélytes. Il écrivit à l'Évêque du Diocèse, pour le prier de ne pas les inquiéter sur ce qu'ils n'allaient pas à la messe; et il chargea une famille, établie dans le voisinage, de l'informer de la manière dont ces nouveaux habitans s'y conduisaient. Le compte qu'on lui en rendit leur était très-favorable: on les trouvait bons, charitables; ils entendaient un peu la médecine et la chirurgie, et donnaient indistinctement des secours à tous ceux qui les réclamaient.

Tout, chez eux, annonçait une très-grande aisance; leurs mœurs étaient

simples et pures ; le curé était content
d'eux ; et on se félicitait de ce qu'ils
étaient venus s'établir dans ce bourg.

Ils envoyaient, toutes les années,
des députés à Monsieur de Périgord ;
c'était toujours des hommes très-éclairés,
quoique d'un extérieur simple. Monsieur
de Périgord, constamment satisfait des
vertus sociales et de la modestie de ces
honnêtes gens, n'a cessé de leur rendre
tous les services qui dépendaient de lui.

Tant de bontés avaient dévoué ces
ames pures et droites à leur digne protecteur. Ces gens, soit par goût, soit
pour leurs affaires, voyageaient sans cesse.
La simplicité de leur extérieur inspirait
la confiance ; et ils avaient acquis une
assez grande connaissance des hommes,
pour prévoir les malheurs dont nous avons
été témoins. De tous côtés ils entendaient
parler du principe d'union, recommandé,
avec tant de chaleur, par Jean-Jacques
Rousseau à ses compatriotes, dans ses
lettres écrites de la montagne. Les
premiers effets de cette doctrine se fesaient

sentir; et ces bonnes gens virent, sans peine, qu'adoptée par la masse du peuple, par une Nation si populeuse, elle produirait un fanatisme dont les amis de la patrie ne pourraient plus arrêter les effets.

CETTE opinion les avait déterminés à quitter la France. Et avant de partir ils en prévinrent Monsieur de PÉRIGORD, et ne négligèrent rien pour l'engager à passer en pays étranger. Mais cet amour si vrai qu'il avait pour sa patrie, ne lui permit pas de l'abandonner. Son seul désir était qu'elle fût heureuse; autorité, grandeur, richesse, tout eût été sacrifié. Il se serait trouvé bien dédommagé des vaines chimères de l'ambition par le calme et la vie douce de la campagne. Car tel était l'objet de ses espérances, avant et depuis la révolution.

Ces détails que je viens de vous faire, Madame, sur cette petite colonie qui avait fixé son séjour dans cette province, doivent vous prouver que Monsieur de PÉRIGORD réunissait à toutes les vertus, cet esprit de tolérance qui le rendit également cher à tous les partis.

C'était lui qui avait constamment sollicité et obtenu l'Édit que Louis XVI donna en faveur des protestans avant la révolution. Cet Édit leur donnait tous les droits de citoyen, excepté celui d'occuper les emplois civils. Il avait fait ce qui dépendait de lui pour qu'on leur accordât en même tems tout ce qu'ils désiraient ; mais les Parlemens s'y opposèrent avec force. Le Roi crut plus prudent d'attendre ; et ce fut par cette raison qu'il leur fit dire, en leur donnant cet Édit, que s'ils lui étaient toujours fidèles, ils pouvaient être sûrs qu'il ne s'en tiendrait pas là.

Je ne doute pas que les Protestans de cette Province n'aient conservé de la reconnaissance pour M. de PÉRIGORD. Du moins, lorsque je fis un voyage à Montpellier en 1789, je vis avec un sensible plaisir, que c'était bien lui qu'on aimait ; puisque la révolution n'avait pas affaibli les sentimens de respect et d'attachement qu'on avait toujours eu pour lui. Son équité, son impartialité étaient si bien reconnues, que des gens de tous les états, des paysans même, venaient des parties les plus reculées de la Province, le prendre pour juge des différens que l'esprit de parti fesait naître entr'eux depuis la révolution.

Ils étaient principalement satisfaits de cette manière simple et naturelle avec laquelle il leur répondait : j'ai quelquefois commandé les armées ; mais je ne suis qu'un soldat, et n'ai jamais exercé l'état de juge. Malgré cela ils insistaient ; et par la confiance qu'ils avaient en lui, leurs querelles étaient bientôt terminées : il les fesait embrasser en sa présence avant de sortir de chez lui.

Ces bonnes gens l'accablaient de bénédictions, dans leur patois si expressif ; et ce langage naturel, inspiré par le sentiment, lui était infiniment plus agréable et plus flatteur que ces harangues bien préparées qu'il entendait tous les ans lorsqu'il arrivait pour l'Assemblée des États.

Monsieur de Périgord était revenu dans cette Province au mois de Janvier 1789, pour y tenir les derniers États qui s'y assemblèrent, et il y resta jusques à la fin de Février 1790. Sa retraite fut celle du sage, il se soumit sans peine et sans murmure aux nouvelles lois, qui anéantissaient son autorité.

Il reçut avant son départ un témoignage d'autant plus flatteur des sentimens qu'on avait pour lui, qu'ils n'étaient plus un devoir, mais un hommage libre, que l'on rendait à ses qualités personnelles : la Garde nationale voulut lui rendre les mêmes honneurs qu'il recevait ci-devant de la part des Troupes de ligne ; mais quelques personnes s'y opposèrent. Dès que Monsieur de Périgord en fut instruit, il fit prier ceux qui voulaient lui donner ce dernier témoignage de leur affection, de ne plus insister ; et il quitta cette Province, où il avait commandé pendant 18 ans, avec la douce consolation de n'avoir rien négligé pour son bonheur, et d'avoir obtenu l'amitié, l'estime l'estime et le respect de tous les habitans du Languedoc.

Après avoir fait le sacrifice de ses dignités et de sa fortune, Monsieur de Périgord se retira à Paris, où il vécut en simple particulier, dans la société de quelques amis. Inébranlable au milieu des orages révolutionnaires, il resta fidèle à sa patrie ; mais il ne put échapper aux persécutions dirigées principalement contre les personnes de sa classe.

Il fut jeté dans les prisons au mois d'Octobre 1793, et il eût péri sur l'échafaud, ainsi que tant d'autres, si le 9 Thermidor ne les en eût garantis.

Les témoignages d'attachement et de respect qu'il recevait de toutes parts, étaient bien faits pour adoucir sa peine, et surtout ceux d'un ancien valet de chambre, le fidèle Beaulieu, qui ne l'abandonna jamais ; il avait demandé comme une grâce d'être en prison avec lui, et il aurait sacrifié sa vie avec plaisir pour un maître qui lui était aussi cher.

La longue captivité que Monsieur de Périgord éprouva, un genre de vie si opposé à ses habitudes, des alimens contraires au régime qu'il observait depuis long-tems ; tant de causes de destruction altérèrent sensiblement sa santé depuis qu'il fut rendu à la liberté. Il fut attaqué d'une maladie grave vers la fin d'Octobre 1797, et il termina sa vie au mois de Novembre de la même année, âgé de soixante-dix ans, en faisant des vœux pour le bonheur de la France.

Je viens de vous donner, Madame, une idée, sans doute incomplette du caractère et des vertus d'un homme que j'ai observé pendant nombre d'années. Je ne vous ai pas dit un mot qui ne soit vrai ; et ceux qui ont vécu avec lui, le reconnaîtront facilement à ce portrait.

Je ne vous répète point, Madame, ce que je vous ai déjà dit des fautes de mon style. Sans habitude d'écrire, j'ai surmonté la faiblesse et l'éloignement pour toute espèce de travail que donne une mauvaise santé, pour essayer de peindre à l'amitié, les traits d'un homme qui en connut si bien le prix. Vous connaissez, Madame, ce sentiment; peut-être êtes-vous allée au-devant de son désir, en me demandant ce faible portrait.

L<small>E</small> mérite de Monsieur de P<small>ÉRIGORD</small> était d'un genre difficile à bien exprimer. La modestie qui l'environnait sans cesse, semble encore vouloir effacer les traits du tableau, plus fait pour être senti par le cœur, que développé par les moyens brillans de l'esprit.

C<small>E</small> mérite sera l'excuse de l'imperfection de mon ouvrage, et votre amitié, Madame, sera toujours l'asile de l'auteur.

F I N.

A<small>N</small> VIII.

www.ingramcontent.com/pod-product-compliance
Lightning Source LLC
LaVergne TN
LVHW050613090426
835512LV00008B/1467